Omar Flemeth

Le civiltà misteriose

(Enygma volume 1)

Titolo: Le civiltà misteriose
Autore: Omar Flemeth

Prima edizione: Luglio 2023

Indice

INTRODUZIONE

Il fascino delle civiltà perdute

Le civiltà perdute rappresentano uno dei concetti più affascinanti e misteriosi nella storia e nell'archeologia. Il fascino che esercitano sull'immaginario collettivo risiede, in gran parte, nel mistero che le circonda e nella continua ricerca di risposte alle molte domande che suscitano.

Le storie di città scomparse, di intere civiltà annientate in un batter d'occhio o svanite nel tempo, evocano un senso di meraviglia misto a trepidazione. C'è qualcosa di affascinante nell'idea di una città ricca e opulenta che scompare senza lasciare traccia, o di una civiltà così avanzata che la sua esistenza sembra quasi incredibile.

Il fascino di queste civiltà è amplificato dal fatto che spesso contengono elementi di verità storica, seppur distorti o esagerati nel corso del tempo. Questo le rende particolarmente interessanti per gli storici e gli archeologi, che cercano di separare la realtà dalla finzione e di ricostruire le vere storie dietro le leggende.

Inoltre, le civiltà perdute rappresentano un modo per confrontarci con il nostro passato e riflettere sulle fragilità della nostra stessa società. Offrono un monito su come la grandezza e la potenza possano essere temporanee, e su come anche le più grandi civiltà possano cadere e diventare dimenticate.

Infine, le civiltà perdute alimentano la nostra immaginazione e ci offrono infinite possibilità per la creazione di storie e miti. Ogni ricerca di una città perduta o di una civiltà scomparsa è un viaggio nell'ignoto, un'avventura piena di scoperte e di sorprese.

Che si tratti dell'Atlantide, di El Dorado, o di una delle molte altre civiltà perdute, queste storie continuano a esercitare un forte fascino su di noi. Ci offrono un modo per esplorare il nostro passato, per riflettere sul presente e per immaginare il futuro. E anche se molte di queste civiltà restano avvolte nel mistero, la ricerca di risposte continua e il fascino che esercitano rimane immutato.

L'attrazione dell'umanità per il mistero è profondamente radicata nella nostra psicologia e deriva da vari aspetti del nostro sviluppo cognitivo, sociale e culturale. Ecco alcuni dei motivi principali:

Curiosità e apprendimento: La curiosità è un tratto fondamentale dell'essere umano. Essa ci spinge a esplorare il mondo intorno a noi e a cercare nuove informazioni. I misteri presentano enigmi non risolti che stimolano la nostra curiosità e ci incoraggiano a imparare di più.

Bisogno di comprensione: Gli esseri umani hanno un innato desiderio di capire il mondo in cui vivono. Di fronte a un mistero, siamo motivati a cercare risposte per fare luce sull'ignoto. Questo bisogno di comprensione è alla base della scienza, della filosofia e di molte altre forme di indagine umana.

Sfida e soddisfazione: Risolvere un mistero può essere visto come una sfida intellettuale. Il processo di ricerca di risposte e la soddisfazione che deriva dal trovare una soluzione sono gratificanti.

Romanticismo e avventura: I misteri spesso evocano un senso di romanticismo e avventura. Pensiamo alle storie di tesori nascosti, città perdute, o civilizzazioni scomparse. Queste storie ci permettono di sognare e di immaginare mondi e avventure al di là della nostra esperienza quotidiana.

Senso di meraviglia e sacralità: Alcuni misteri, soprattutto quelli legati alla natura o all'universo, possono evocare un profondo senso di meraviglia e sacralità. Questo aspetto del mistero è spesso presente nelle religioni e nelle spiritualità di tutto il mondo.

In sintesi, l'attrazione per il mistero è un elemento fondamentale dell'esperienza umana. Essa stimola la nostra curiosità, soddisfa il nostro desiderio di comprendere, ci offre sfide gratificanti, alimenta la nostra immaginazione e ci connette con un senso di meraviglia e sacralità.

Metodologia e Fonti Utilizzate

Per affrontare un argomento così vasto e sfaccettato come le civiltà perdute, è necessario fare ricorso a una metodologia rigorosa e a un'ampia varietà di fonti. Questo capitolo descrive l'approccio utilizzato in questo libro per esplorare e analizzare le varie civiltà perdute e le leggende ad esse associate.

Prima di tutto, questo lavoro si basa su una metodologia interdisciplinare. Si avvale delle conoscenze e delle tecniche di diverse discipline, tra cui l'archeologia, la storia, la filosofia, l'antropologia e la sociologia, per esaminare le civiltà perdute da molteplici punti di vista. Questo approccio interdisciplinare consente una comprensione più profonda e completa di queste civiltà e delle leggende che le circondano.

Il libro si basa anche su un'ampia varietà di fonti. Queste includono fonti primarie, come i resoconti storici e le testimonianze dirette delle civiltà in questione, quando disponibili. Inoltre, si fa uso di fonti secondarie, come studi e ricerche di studiosi che hanno analizzato le civiltà perdute e le relative leggende. Queste fonti secondarie sono state utilizzate per fornire una panoramica dei vari punti di vista e delle interpretazioni sulla natura e sulla storia di queste civiltà.

Oltre a ciò, si sono analizzate anche le raffigurazioni culturali e artistiche delle civiltà perdute. Queste includono opere letterarie, film, musica, e arte che sono state ispirate da queste civiltà. Queste raffigurazioni offrono importanti spunti sulla percezione e l'interpretazione di queste civiltà nel corso del tempo e nelle diverse culture.

Infine, è stato adottato un approccio critico nell'analisi delle fonti e delle informazioni. Questo implica il saper distinguere tra fatti e miti, l'interrogarsi sulla validità e l'affidabilità delle fonti, e il mantenere un'apertura verso nuove interpretazioni e scoperte. Questo approccio critico è fondamentale per evitare di cadere in conclusioni errate o fuorvianti.

In sintesi, la metodologia utilizzata in questo libro è interdisciplinare, si basa su un'ampia varietà di fonti, e adotta un approccio critico. Questo permette un'analisi approfondita e accurata delle civiltà perdute e delle leggende ad esse associate.

CAPITOLO 2: ATLANTIDE

Origini del Mito

Atlantide è forse la più famosa tra le civiltà perdute. Questo mito affonda le sue radici nell'antica Grecia e, da allora, ha catturato l'immaginazione di generazioni di esploratori, scrittori, filosofi e, più recentemente, di cineasti e appassionati di misteri storici.

Le prime testimonianze dell'esistenza di una civiltà chiamata Atlantide risalgono ai dialoghi platonici "Timeo" e "Crizia". Qui, Platone descrive un'antica civiltà avanzata che, secondo la tradizione, avrebbe sfidato l'antica Atene in una guerra epica. Questa potente entità, governata da una razza di semi-dei, si dice fosse ubicata "oltre le colonne di Ercole" (l'attuale Stretto di Gibilterra), e Platone la descrive come una civiltà affascinante e tecnologicamente avanzata, con una ricchezza di risorse naturali. Tuttavia, a causa del suo orgoglio e della sua hybris, gli dei avrebbero punito l'Atlantide facendola sprofondare nell'oceano in un solo giorno e una notte di sconvolgimenti catastrofici.

È importante notare che non ci sono altre fonti antiche oltre a quelle platoniche che parlano dell'Atlantide. Ciò ha portato molti studiosi a ritenere che l'Atlantide fosse un'invenzione di Platone, utilizzata come un'esemplificazione filosofica per discutere di temi come la virtù, il potere e la decadenza morale.

Tuttavia, la mancanza di ulteriori fonti antiche non ha impedito che il mito dell'Atlantide continuasse a prosperare. Nel corso dei secoli, l'Atlantide è stata oggetto di numerose interpretazioni e teorie, alcune delle quali l'hanno collocata in luoghi del mondo molto diversi e l'hanno associata a varie civiltà storiche.

In definitiva, l'origine del mito dell'Atlantide risiede nei dialoghi di Platone. Ma, al di là delle intenzioni originali di Platone, l'Atlantide è diventata un potente simbolo dell'antica saggezza, dell'utopia perduta e della catastrofe che può colpire le civiltà che sfidano gli dei o si allontanano dalla virtù.

Descrizioni e Interpretazioni

Il mito dell'Atlantide ha generato un vasto numero di interpretazioni, molte delle quali contrastanti tra loro. Queste interpretazioni spesso riflettono le preoccupazioni culturali, storiche e scientifiche dell'epoca in cui sono state formulate. Esaminiamole più nel dettaglio.

- Descrizione originale di Platone

Secondo i dialoghi di Platone, l'Atlantide era un'isola situata "oltre le colonne di Ercole". Era una società utopica, ricca e potente, e strutturalmente divisa in cerchi concentrici di acqua e terra. Tuttavia, la sua hybris, o orgoglio eccessivo, avrebbe provocato l'ira degli dei che avrebbero deciso di punire la civiltà facendola sprofondare nell'oceano in un solo giorno e notte di catastrofi.

- Interpretazioni storiche e geografiche

Le interpretazioni storiche e geografiche dell'Atlantide si sono concentrate su tentativi di localizzare geograficamente la civiltà e connetterla a civiltà reali del passato. Le localizzazioni proposte variano ampiamente, dall'idea che l'Atlantide fosse la stessa Atene antica o Creta, alla teoria che fosse situata nelle Americhe, nell'Antartide, o persino sotto il mare nei pressi delle isole Azzorre. Queste teorie spesso si basano su interpretazioni letterali delle descrizioni di Platone, o su tentativi di collegare le leggende dell'Atlantide a reperti archeologici o eventi geologici specifici.

- Interpretazioni psicologiche e spirituali

Le interpretazioni psicologiche e spirituali dell'Atlantide vedono il mito come un simbolo o un archetipo. Per esempio, Carl Jung vedeva l'Atlantide come un simbolo collettivo del subconscio umano. Altre interpretazioni spirituali vedono l'Atlantide come una civiltà spirituale o esoterica, con conoscenze avanzate su argomenti come la vita dopo la morte, l'astrologia, e l'energia vitale.

- Interpretazioni moderne e pseudoscientifiche

Nel ventesimo secolo, l'Atlantide è diventata un argomento popolare nei circoli di pseudoscienza, con teorie che vanno dalle idee che l'Atlantide fosse la casa di una razza di super esseri o "maestri ascensionati", a teorie che suggeriscono che l'Atlantide fosse collegata agli extraterrestri o agli OOPArts (Out of Place Artifacts).

In conclusione, il mito dell'Atlantide ha stimolato una vasta gamma di interpretazioni. Queste variano notevolmente in termini di plausibilità e di aderenza alle fonti originali, ma tutte condividono l'abilità di catturare l'immaginazione umana e di riflettere le preoccupazioni e gli interessi delle culture in cui sono emerse.

Tentativi di Localizzazione

La localizzazione dell'Atlantide è stata oggetto di dibattito per secoli. La descrizione di Platone di una civiltà oltre le "colonne di Ercole" (generalmente interpretate come lo stretto di Gibilterra) ha alimentato infinite speculazioni su dove possa essere stata situata. Ecco alcuni dei luoghi più comunemente proposti:

Santorini e Creta

Una delle teorie più accreditate collega l'Atlantide alla civiltà minoica sull'isola di Creta e a Thera (l'attuale Santorini). Questa teoria si basa su somiglianze tra la civiltà minoica e la descrizione di Platone dell'Atlantide, insieme alle prove di un'esplosione vulcanica catastrofica su Thera nel II millennio a.C. che avrebbe potuto distruggere gran parte della civiltà minoica.

Le Azzorre

Le isole Azzorre, un gruppo di isole nel mezzo dell'Atlantico, sono state proposte come possibile sito dell'Atlantide. Questa teoria si basa sulla posizione delle isole e sulla presenza di formazioni sottomarine che alcuni ritengono siano i resti di antiche strutture costruite dall'uomo. Tuttavia, la maggior parte degli scienziati rifiuta questa teoria, sottolineando che non ci sono prove concrete di una civiltà avanzata nelle Azzorre nell'antichità.

Americhe

Alcuni ricercatori hanno suggerito che l'Atlantide potrebbe essere stata localizzata nelle Americhe. Queste teorie spesso citano somiglianze tra la descrizione di Platone dell'Atlantide e alcune caratteristiche geografiche delle Americhe. Tuttavia, queste teorie sono in genere rifiutate dalla comunità scientifica, poiché non vi sono prove archeologiche o storiche che le supportino.

Antartide

Un'altra teoria suggerisce che l'Atlantide potrebbe essere stata situata in Antartide. Questa idea si basa su interpretazioni di antiche mappe e sulla teoria della deriva dei continenti. Anche questa teoria, però, è in genere rifiutata dagli studiosi a causa della mancanza di prove archeologiche e della estrema improbabilità che una civiltà avanzata avrebbe potuto svilupparsi in un ambiente così ostile.

In conclusione, nonostante i numerosi tentativi di localizzare l'Atlantide, non esistono ancora prove concrete a sostegno di una qualsiasi di queste teorie. L'Atlantide rimane quindi un mistero, un luogo mitico più che storico, che continua a affascinare e stimolare l'immaginazione umana.

L'Atlantide nella Cultura Popolare

Il mito dell'Atlantide ha avuto un impatto significativo sulla cultura popolare, trovando espressione in una serie di medium, dal cinema alla letteratura, dall'arte ai video-giochi. Questo sottocapitolo esplora alcune delle rappresentazioni più influenti e memorabili dell'Atlantide nella cultura popolare.

Letteratura

L'Atlantide ha ispirato un gran numero di opere letterarie. Uno dei primi esempi è "20.000 leghe sotto i mari" di Jules Verne, in cui l'equipaggio del Nautilus incontra le rovine sommerse dell'Atlantide. Nel corso del 20° secolo, il mito dell'Atlantide è stato utilizzato in vari generi, dalla fantascienza alla fantasy, come in "L'Atlantide" di Pierre Benoit, nei libri di "Conan il Barbaro" di Robert E. Howard, o nel ciclo di "Avalon" di Marion Zimmer Bradley.

Cinema e Televisione

L'Atlantide è stata un soggetto popolare anche nel cinema e nella televisione. Il film Disney "Atlantide - L'impero perduto" racconta la storia di un giovane avventuriero che scopre la città sommersa, mentre la serie TV "Stargate Atlantis" immagina l'Atlantide come una città spaziale antica, creata da una razza di "Antichi" che hanno influenzato lo sviluppo umano.

Videogiochi

Numerosi videogiochi hanno fatto riferimento all'Atlantide, spesso come una civiltà perduta con tecnologia avanzata. Giochi come la serie "Tomb Raider", "Assassin's Creed Odyssey", e "Indiana Jones e il destino dell'Atlantide" permettono ai giocatori di esplorare versioni virtuali dell'antica civiltà.

Musica e Arte

Anche la musica e l'arte si sono ispirate all'Atlantide. Ad esempio, la band progressive rock degli anni '70, Atlantis, prese il nome dal mito. Inoltre, numerosi pittori e artisti visivi hanno creato opere basate sull'immagine dell'Atlantide, spesso raffigurandola come una città sommersa o come una civiltà idilliaca prima del suo declino.

Atlantide ha permeato la cultura popolare in molti modi, divenendo un simbolo di una civiltà avanzata e perduta, di un'utopia sommersa o di un monito sulla hybris umana. La sua presenza nei vari media è un testamento della duratura attrattiva di questo mito e del suo potere di stimolare l'immaginazione umana.

CAPITOLO 3: LEMURIA

Storia del Concetto di Lemuria

La Lemuria è un altro nome che riecheggia nei racconti di antiche civiltà perdute, ma, a differenza dell'Atlantide, le sue origini non sono letterarie, ma piuttosto scientifiche.

Origini Scientifiche

Il concetto di Lemuria ha origine nel XIX secolo, quando gli scienziati cercavano di spiegare la distribuzione di certi fossili di lemuri, primati simili a scimmie, che si trovavano in Madagascar e in India, ma non in Africa o nel Medio Oriente. Il biologo inglese Philip Sclater propose che ci fosse stata un'antica massa di terra, che chiamò "Lemuria", che una volta collegava Madagascar, India e Australia. Secondo Sclater, la Lemuria era scomparsa nel corso del tempo, forse a causa di cambiamenti geologici o innalzamenti del livello del mare.

Evoluzione del Concetto

Sebbene l'idea di Sclater fosse basata su osservazioni scientifiche, mancavano le prove geologiche per sostenerla. Con lo sviluppo della teoria della tettonica a zolle, l'idea di Lemuria come un continente perduto è stata generalmente scartata dalla comunità scientifica.

Tuttavia, la teoria della Lemuria ha trovato un pubblico inaspettato tra i teosofi e gli occultisti del tardo XIX e inizio XX secolo. La scrittrice e occultista Helena Blavatsky adottò l'idea della Lemuria nel suo lavoro "La Dottrina Segreta" (1888), in cui descriveva la Lemuria come una delle "radici-razza" dell'umanità, popolata da creature semi-umane.

Lemuria nella Cultura Popolare

Dal lavoro di Blavatsky, il concetto di Lemuria come civiltà perduta avanzata è entrato nell'immaginario collettivo. Nella cultura popolare, la Lemuria è spesso ritratta come un paradiso perduto, una civiltà di pace e saggezza spirituale che è scomparsa a causa di una catastrofe naturale o di un declino morale.

In conclusione, la storia del concetto di Lemuria dimostra come un'idea scientifica possa evolvere e acquisire nuovi significati nel contesto culturale e spirituale, anche quando viene scartata dalla scienza stessa. La Lemuria, come l'Atlantide, è diventata un potente simbolo di civiltà perdute e di saggezza antica, persistendo nella cultura popolare nonostante la mancanza di prove storiche o archeologiche.

La Leggenda di Mu

La leggenda di Mu fa riferimento a un altro presunto continente perduto, che avrebbe esistito nell'Oceano Pacifico e sarebbe stato la culla di una civiltà antica e avanzata. Il mito di Mu emerge principalmente dai lavori di Augustus Le Plongeon, un antiquario e fotografo del XIX secolo, e di James Churchward, un esploratore e scrittore del XX secolo.

Le Teorie di Le Plongeon

Le Plongeon sviluppò la sua teoria di Mu basandosi su interpretazioni controverse di antichi testi maya, in particolare il Codice di Dresda. Secondo Le Plongeon, Mu era una civiltà avanzata che esisteva migliaia di anni fa e che era stata distrutta da un disastro naturale. Le Plongeon sosteneva anche che i sopravvissuti di Mu avevano diffuso la loro civiltà in altre parti del mondo, incluso l'antico Egitto.

Le Idee di Churchward

Churchward estese e popolarizzò la teoria di Mu nei suoi libri, inclusi "The Lost Continent of Mu" (1926) e "The Children of Mu" (1931). Secondo Churchward, Mu era stata una civiltà globale avanzata che esisteva 50.000 anni fa, molto prima delle civiltà note dalla storia registrata. Churchward sosteneva che i suoi studi su antiche tavole di pietra, che affermava di aver scoperto in India, fornivano prove dell'esistenza di Mu.

Critiche e Cultura Popolare

Le teorie di Le Plongeon e Churchward sono state ampiamente criticate dagli archeologi e dagli storici, poiché mancano di fondamento scientifico o storico. Tuttavia, il mito di Mu, come quello della Lemuria e dell'Atlantide, ha avuto un impatto sulla cultura popolare. La leggenda di Mu è apparsa in romanzi, fumetti, film e videogiochi, dove è spesso rappresentata come una civiltà di pace e saggezza che è scomparsa a causa di una catastrofe.

In conclusione, la leggenda di Mu è un esempio di come le teorie pseudoscientifiche possano entrare nell'immaginario collettivo e influenzare la cultura popolare. Nonostante la mancanza di prove, la leggenda di Mu continua a stimolare l'immaginazione e la curiosità di molte persone, riflettendo il fascino persistente delle civiltà perdute.

Interpretazioni e Controversie

La leggenda di Mu e Lemuria, nonostante la mancanza di prove concrete, ha avuto una lunga e influente vita nella cultura popolare e pseudoscientifica. Queste storie hanno generato numerose interpretazioni e controversie. In questo sottocapitolo, esploreremo alcune delle teorie più notevoli e le polemiche ad esse associate.

Teorie Pseudoscientifiche

Sia Mu che Lemuria sono spesso citate in varie teorie pseudoscientifiche. Ad esempio, alcuni sostenitori della "teoria degli antichi astronauti" sostengono che queste civiltà perdute fossero in realtà colonie di extraterrestri. Altre teorie affermano che Mu e Lemuria erano civiltà avanzate che possedevano tecnologie ora perdute, come l'energia libera o la levitazione.

Controversie

Queste teorie sono state oggetto di numerose controversie. Molti archeologi e storici criticano le teorie di Mu e Lemuria per la loro mancanza di fondamento scientifico o storico. Alcuni sostengono anche che queste teorie siano dannose, in quanto possono distorcere la comprensione del pubblico della storia umana e della scienza.

Credenze New Age

Mu e Lemuria sono anche popolari nelle credenze New Age, dove sono spesso descritte come civiltà di grande saggezza spirituale. Alcuni credenti sostengono che i sopravvissuti di queste civiltà perdute abbiano trasmesso insegnamenti spirituali segreti che possono essere riscoperti oggi.

Impatto sulla Cultura Popolare

Nonostante le controversie, il mito di Mu e Lemuria ha avuto un impatto duraturo sulla cultura popolare. Queste leggende sono state l'ispirazione per numerosi libri, film, fumetti e videogiochi. Sia la Lemuria che Mu sono spesso ritratte come paradisi perduti o civiltà avanzate sommerse, riflettendo il fascino persistente delle civiltà perdute.

In conclusione, le interpretazioni e le controversie su Mu e Lemuria dimostrano come queste leggende abbiano una vita propria, influenzando la cultura e le credenze a dispetto delle critiche scientifiche.

Impatto sulla Cultura New Age

Mu e Lemuria sono stati ampiamente incorporati nella cultura e nelle credenze New Age, dove vengono spesso considerati come luoghi di grande saggezza spirituale. Questo sottocapitolo esplora l'importanza di queste civiltà perdute nel contesto New Age e le credenze e pratiche associate.

Insegnamenti Spirituali

Molti aderenti alla cultura New Age credono che le civiltà di Mu e Lemuria fossero spiritualmente avanzate e che avessero raggiunto livelli di coscienza più elevati rispetto alla maggior parte delle società moderne. Questi luoghi sono spesso descritti come luoghi in cui le persone vivevano in armonia con la natura, praticavano la meditazione e possedevano capacità psichiche.

Canalizzazione

La canalizzazione è una pratica comune nella cultura New Age, e Mu e Lemuria spesso compaiono in queste sessioni. I canalizzatori affermano di poter entrare in contatto con gli spiriti o le energie delle antiche civiltà di Mu e Lemuria, ricevendo messaggi di saggezza e insegnamenti spirituali.

Cristalli e Guarigione Energetica

Nelle credenze New Age, si dice spesso che le civiltà di Mu e Lemuria avessero una conoscenza avanzata dell'uso dei cristalli per la guarigione e l'energia. Questa credenza ha portato all'uso diffuso di cristalli in molte pratiche New Age, tra cui la guarigione con i cristalli, la meditazione e il bilanciamento dei chakra.

Impatto sulla Cultura Popolare

La cultura New Age ha avuto un notevole impatto sulla cultura popolare, e le idee su Mu e Lemuria sono state incorporate in vari media. Per esempio, libri, film e videogiochi hanno spesso rappresentato queste civiltà perdute come luoghi di saggezza spirituale e conoscenza avanzata.

In conclusione, l'impatto di Mu e Lemuria sulla cultura New Age è un esempio di come le leggende e i miti possano essere rielaborati e reinterpretati in nuovi contesti culturali e spirituali. Anche se non esiste una prova storica o archeologica dell'esistenza di queste civiltà, esse continuano a influenzare le credenze e le pratiche spirituali di molte persone.

CAPITOLO 4: EL DORADO

Origini del Mito di El Dorado

El Dorado è una leggenda che risuona con il fascino del tesoro nascosto e delle città perdute d'oro. Questa mitica città dorata ha stimolato la fantasia degli esploratori europei durante il periodo delle Grandi Scoperte. Il mito di El Dorado ha le sue radici nelle tradizioni indigene dell'America del Sud e nelle aspirazioni degli esploratori europei.

Tradizioni Indigene

L'origine del mito di El Dorado può essere rintracciata nelle pratiche cerimoniali del popolo Muisca, che abitava l'attuale Colombia. In particolare, era consuetudine per il nuovo Zipa (capo) di coprirsi di polvere d'oro e immergersi in un lago sacro come parte del suo rituale di incoronazione. Questo rituale, noto come "El Dorado" (Il Dorato), fu testimoniato dagli spagnoli e si diffuse in Europa.

Esplorazione Europea

Le storie di un re dorato e del suo regno ricco di tesori d'oro si diffusero rapidamente tra gli esploratori spagnoli del XVI secolo. Questi racconti alimentarono l'immaginario europeo e stimolarono numerose spedizioni in cerca di El Dorado. Tra i più noti ci furono quelli di Gonzalo Jiménez de Quesada, Sebastián de Belalcázar e soprattutto, l'esploratore e conquistatore spagnolo, Francisco de Orellana, che condusse una spedizione lungo il fiume Amazonas alla ricerca della città perduta.

Evoluzione del Mito

Nonostante le numerose spedizioni, El Dorado non fu mai trovato. Col tempo, il mito si evolse: da un re dorato divenne una città d'oro, poi un impero e infine un luogo. Diversi luoghi in Sud America sono stati associati a El Dorado, incluso il Lago Guatavita in Colombia, dove si pensava fosse stato eseguito il rituale del dorato. La ricerca incessante di El Dorado ha ispirato innumerevoli storie e ha avuto un impatto significativo sulla storia e sulla cultura dell'America Latina.

In conclusione, l'origine del mito di El Dorado mostra come le storie e le leggende possano alimentare l'immaginazione e guidare la scoperta. Nonostante sia una leggenda, El Dorado rimane un simbolo potente dell'avidità umana, della ricerca della ricchezza e del mistero dell'ignoto.

Esplorazione e Ricerca di El Dorado

La leggenda di El Dorado ha ispirato molte spedizioni nell'America Latina. Questo sottocapitolo esaminerà alcune delle esplorazioni più significative alla ricerca di El Dorado e discuterà l'impatto che queste hanno avuto sulla regione.

Le Prime Esplorazioni

Le prime esplorazioni in cerca di El Dorado furono intraprese dagli esploratori spagnoli nel XVI secolo. Guidati dai racconti dei nativi locali e dalla loro avidità di oro, questi esploratori hanno attraversato fiumi e foreste, spesso a costo di enormi sofferenze e perdite di vite umane. Tra le spedizioni più note, vi furono quelle di Gonzalo Jiménez de Quesada e Sebastián de Belalcázar, che esplorarono le regioni andine della Colombia attuale.

La Spedizione di Francisco de Orellana

Forse la più famosa delle spedizioni alla ricerca di El
Dorado fu quella intrapresa da Francisco de Orellana.
Nel 1541, Orellana intraprese un viaggio lungo il Rio
delle Amazzoni nella speranza di trovare la leggendaria
città d'oro. Nonostante non abbia mai trovato El Dorado,
Orellana è ricordato per essere stato il primo europeo a
navigare l'intero corso del fiume Amazzonia.

Impatto sulle Popolazioni Indigene

Le spedizioni alla ricerca di El Dorado hanno avuto un
impatto devastante sulle popolazioni indigene dell'America Latina. Molti furono soggetti a schiavitù, malattie e
violenze da parte degli esploratori europei. Inoltre, la ricerca di El Dorado ha contribuito alla distruzione di
molte culture indigene e all'espansione dell'Impero Spagnolo in Sud America.

Mitizzazione della Ricerca

Nonostante la mancanza di prove concrete, la ricerca di
El Dorado è diventata una leggenda nel suo stesso di-
ritto. Le storie delle spedizioni e delle sofferenze subite

dagli esploratori hanno catturato l'immaginazione popolare e hanno alimentato il mito di El Dorado. Questo mito persiste ancora oggi, con molte storie e film che ritraggono la disperata ricerca di questa città d'oro.

L'esplorazione e la ricerca di El Dorado rappresentano un capitolo importante e controverso della storia dell'esplorazione. Le conseguenze di queste spedizioni sono ancora visibili oggi, nella cultura e nella storia dell'America Latina.

El Dorado e la Conquista dell'America

La ricerca di El Dorado è indissolubilmente legata alla storia della conquista dell'America Latina da parte degli europei. Questo sottocapitolo esaminerà come la leggenda di El Dorado ha influenzato la conquista dell'America e le sue conseguenze per le popolazioni indigene.

Un Pretesto per la Conquista

La leggenda di El Dorado ha fornito un potente pretesto per la conquista e l'esplorazione dell'America Latina. Spinti dalla promessa di incommensurabili ricchezze, gli esploratori spagnoli e portoghesi hanno intrapreso numerose spedizioni nell'entroterra dell'America del Sud. Questa ricerca di oro ha spesso portato alla scoperta di nuove terre e alla fondazione di nuove colonie.

Conseguenze per le Popolazioni Indigene

La conquista in cerca di El Dorado ha avuto un impatto devastante sulle popolazioni indigene dell'America Latina. Gli europei hanno spesso sfruttato e oppresso gli indigeni nella loro ricerca di ricchezze. Le malattie portate dagli europei, unitamente ai conflitti e all'oppressione, hanno portato a un drammatico calo della popolazione indigena.

Impatto sulla Cultura e sulla Storia dell'America Latina

La leggenda di El Dorado ha anche avuto un impatto duraturo sulla cultura e sulla storia dell'America Latina. Ha influenzato la percezione europea dell'America Latina come terra di inesauribili ricchezze e ha contribuito alla formazione di stereotipi e pregiudizi che persistono ancora oggi. Inoltre, la storia della ricerca di El Dorado ha influenzato la letteratura e l'arte latinoamericane, con molte opere che riflettono le tematiche di avidità, conquista e perdita associati alla leggenda.

In conclusione, El Dorado e la conquista dell'America sono strettamente intrecciate. La leggenda di El Dorado non solo ha motivato la conquista dell'America Latina, ma ha anche plasmato la storia e la cultura della regione in modi che risuonano ancora oggi.

Interpretazioni Moderne di El Dorado

Nell'era moderna, la leggenda di El Dorado continua ad affascinare e ad ispirare. Questo sottocapitolo esamina come la leggenda di El Dorado sia stata reinterpretata nei contesti contemporanei.

El Dorado nelle Scienze Umane

Nell'archeologia e nella storia, gli studi su El Dorado si sono spostati dalle ricerche di una città d'oro fisica alla comprensione dei miti e dei riti che hanno dato vita alla leggenda. Questi studi hanno rivelato preziose informazioni sulle culture precolombiane e sui loro rituali legati all'oro, come nel caso del popolo Muisca in Colombia.

El Dorado nella Cultura Popolare

Nella cultura popolare, El Dorado continua ad essere un potente simbolo di ricchezza inesplorata e di avventura. È un tema comune nei libri, nei film e nei videogiochi,

spesso come un luogo misterioso e pericoloso da sco-
prire. Esempi notevoli includono il film d'animazione
"The Road to El Dorado" e il videogioco "Uncharted:
Golden Abyss".

El Dorado come Metafora

Più in generale, El Dorado è diventato una potente metafora del desiderio umano di ricchezza e successo.
Nell'uso comune, "El Dorado" può riferirsi a qualsiasi
luogo di grande ricchezza o opportunità. Ad esempio,
durante la corsa all'oro della California del XIX secolo,
la regione era spesso paragonata a El Dorado.

El Dorado nell'Immagine dell'America Latina

Infine, la leggenda di El Dorado continua a influenzare
l'immagine dell'America Latina nel mondo. Per alcuni,
rimane un simbolo del potenziale inesplorato e delle ricchezze naturali dell'America Latina. Per altri, rappresenta le ingiustizie storiche e le disuguaglianze derivanti
dalla conquista europea e dalla ricerca di ricchezze.

In conclusione, le interpretazioni moderne di El Dorado sono molteplici e variegate, riflettendo la sua duratura rilevanza e il suo fascino persistente come simbolo di ricchezza, avventura e mistero.

CAPITOLO 5: SHAMBALA

Origini del Mito di Shambala

Shambala, a volte anche scritto come Shambhala o Shamballa, è un mitico reame nascosto menzionato in vari testi antichi del buddismo tibetano, in particolare il Kalachakra Tantra. Questo sottocapitolo esplora le origini di questo mito e il suo significato all'interno del buddismo.

Origini Antiche

La leggenda di Shambala ha le sue radici nei testi sacri del buddismo tibetano, in particolare il Kalachakra Tantra, risalente al X secolo. Secondo questi testi, Shambala è un reame nascosto di saggezza illuminata e pace, governato da re saggi che seguono i principi buddhisti. È stato profetizzato che il 25° re di Shambala emergerà dal suo reame nascosto per sconfiggere le forze del male in una battaglia apocalittica e inaugurare un'era di pace universale.

Significato Spirituale

Nel contesto buddhista, Shambala non è solo un luogo fisico ma rappresenta anche un ideale spirituale. È visto come un luogo di saggezza illuminata, un simbolo di aspirazione spirituale e di realizzazione. Alcuni interpretano Shambala come un luogo interiore di pace e saggezza che può essere raggiunto attraverso pratiche spirituali e meditative.

Influenze Culturali

Sebbene Shambala sia di origine buddhista, il concetto ha influenzato una varietà di tradizioni culturali e religiose. È stato integrato in diverse forme di esoterismo e spiritualità New Age, spesso associato a concetti come l'energia di guarigione, la consapevolezza spirituale o l'era dell'Acquario.

In conclusione, Shambala è un mito complesso e multiforme con radici profonde nella storia e nella cultura buddhista. Le sue interpretazioni e risonanze vanno ben oltre il suo contesto originale, influenzando una vasta

gamma di credenze e pratiche spirituali nel mondo con-
temporaneo.

Descrizioni e Interpretazioni di Shambala

La mitologia di Shambala è stata presentata in vari modi nei testi buddisti e nelle tradizioni esoteriche successive. Questo sottocapitolo esplorerà alcune delle più comuni descrizioni e interpretazioni di Shambala.

Descrizioni di Shambala

Nelle tradizioni buddiste, Shambala è spesso descritto come un luogo idilliaco e pacifico, ben nascosto dal mondo esterno. Questo luogo misterioso si dice sia situato da qualche parte nell'Asia centrale, spesso associato all'Himalaya. È descritto come un reame di perfezione e saggezza, governato da una serie di re illuminati.

Interpretazioni Buddhiste

Nel contesto buddista, Shambala non è solo un luogo fisico ma rappresenta un ideale spirituale. È visto come un luogo di saggezza illuminata, un simbolo di aspirazione spirituale e di realizzazione. La leggenda di Shambala

contiene anche elementi escatologici, con la profezia che
il 25° re di Shambala emergerà per sconfiggere le forze
del male e inaugurare un'era di pace e illuminazione.

Interpretazioni Esoteriche e New Age

Al di fuori del buddismo, Shambala è stato adottato da
varie correnti esoteriche e New Age. In queste interpretazioni, Shambala è spesso associato a concetti come l'e-
nergia di guarigione, la consapevolezza spirituale o l'era
dell'Acquario. Alcune di queste tradizioni sostengono
che Shambala non sia un luogo fisico ma un regno ete-
reo o astrale.

Shambala nella Cultura Popolare

Nella cultura popolare, Shambala è spesso rappresentato
come un paradiso perduto o una utopia. È un tema comune nei libri, nei film e nei videogiochi, in cui è spesso
ritratto come un luogo misterioso e idilliaco da scoprire
o raggiungere.

In conclusione, le descrizioni e le interpretazioni di Shambala sono molteplici e variegate, riflettendo la sua ricchezza simbolica e la sua risonanza in varie culture e tradizioni spirituali.

La Ricerca di Shambala

La leggenda di Shambala ha stimolato da secoli la curiosità e l'immaginazione di esploratori, studiosi e ricercatori spirituali. Questo sottocapitolo esplora vari tentativi storici e moderni di localizzare o raggiungere Shambala.

Esplorazioni Storiche

Durante l'età dell'esplorazione, diversi viaggiatori occidentali furono affascinati dalla leggenda di Shambala. Questi includono il viaggiatore russo Nicholas Roerich, che nel XX secolo condusse numerose spedizioni in Asia centrale nel tentativo di trovare Shambala. Tuttavia, nonostante le ricerche approfondite, nessuna prova definitiva della localizzazione di Shambala è mai stata scoperta.

Ricerca Spirituale

Molti ricercatori spirituali vedono la ricerca di Shambala non come una questione geografica, ma come un viaggio interiore. Secondo questa visione, Shambala non è un luogo fisico ma un stato di coscienza che può essere raggiunto attraverso la meditazione e la pratica spirituale. Questa interpretazione è comune nelle tradizioni buddhiste tibetane, così come in molti insegnamenti New Age e esoterici.

Teorie Moderne

Nell'era moderna, la leggenda di Shambala è stata associata a una serie di teorie e speculazioni, alcune delle quali si situano al confine con la pseudoscienza. Ad esempio, alcuni hanno suggerito che Shambala potrebbe essere un accesso alla Terra Interna, un concetto popolare nelle teorie del complotto. Altri hanno proposto che Shambala potrebbe essere un antico sito avanzato tecnologicamente, simile alle teorie sugli antichi astronauti.

In conclusione, la ricerca di Shambala è un tema ricorrente nella storia dell'esplorazione e della ricerca spiri-

tuale. Che sia interpretato come un luogo reale da scoprire o come un ideale spirituale da realizzare, il mito di
Shambala continua a ispirare e affascinare persone in
tutto il mondo.

CAPITOLO 6: IPERBOREA

Il Mito Greco dell'Iperborea

Iperborea, che in greco significa "oltre il vento del nord", è un luogo mitico menzionato nei testi dell'antica Grecia. Secondo la leggenda, Iperborea era un luogo di eterna primavera, dove la felicità e la longevità erano garantite ai suoi abitanti. Questo sottocapitolo esamina le origini e i dettagli di questo antico mito greco.

Iperborea nella Mitologia Greca

Il mito di Iperborea è fortemente legato alla religione e alla mitologia dell'antica Grecia. Secondo le fonti greche, Iperborea era un luogo lontano e idilliaco, situato oltre i venti del nord, da cui prende il nome. Era conosciuto per il suo clima perfetto, lontano sia dal caldo estremo che dal freddo, dove la terra era incredibilmente fertile e gli alberi fruttiferi producevano raccolti per tre volte all'anno.

Gli Iperborei, i popoli di questa terra, erano noti per la loro gioia di vivere, la loro pacificità e la loro devozione religiosa. Erano descritti come estremamente longevi, talvolta immortali, e vissuti in un stato di felicità costante. Erano anche conosciuti per il loro culto di varie divinità greche, in particolare Apollo, che secondo la leggenda visitava Iperborea una volta all'anno.

Apollo e Iperborea

La leggenda di Iperborea è particolarmente associata alla figura di Apollo, il dio greco della luce, della profezia e delle arti. Secondo le fonti greche, Apollo passava l'inverno in Iperborea, dove viveva tra i suoi adoranti devoti. Questo collegamento con Apollo riflette la concezione di Iperborea come un luogo di illuminazione e ispirazione spirituale.

Mito o Realtà?

Gli antichi greci non erano sicuri dell'ubicazione geografica di Iperborea, e le loro descrizioni a volte suggeriscono un luogo più mitico che reale. Tuttavia, varie teorie sono state proposte per localizzare Iperborea, che vanno dalle regioni nordiche dell'Europa all'Asia Centrale. Alcuni studiosi moderni ritengono che Iperborea potrebbe essere stata un ricordo distorto di una reale cultura dell'età del bronzo.

Il mito greco di Iperborea offre un affascinante sguardo su come gli antichi greci immaginavano i confini del mondo conosciuto e le terre che si trovavano oltre.

Interpretazioni e Ipotesi di Iperborea

Il mistero che avvolge Iperborea ha portato a una serie di interpretazioni e ipotesi nel corso dei secoli. Questo sottocapitolo esplora alcune delle teorie più comuni e interessanti su Iperborea.

Ubicazioni Proposte

La posizione geografica di Iperborea è stata oggetto di molte speculazioni. Le antiche fonti greche suggeriscono che fosse situata a nord, ma non specificano una localizzazione precisa. Nel corso del tempo, vari luoghi sono stati proposti, tra cui le isole britanniche, la Scandinavia, la Siberia e persino il Polo Nord. Tuttavia, nessuna di queste teorie ha ottenuto un consenso universale e la posizione di Iperborea rimane incerta.

Interpretazioni Storiche e Archeologiche

Alcuni studiosi moderni hanno suggerito che Iperborea
potrebbe essere stata un ricordo distorto di una reale cultura dell'età del bronzo. Ad esempio, Marija Gimbutas,
un'archeologa e linguista lituana, ha proposto che Iperborea potrebbe essere stata collegata alla cultura Kurgan,
un'antica cultura dell'età del bronzo che si estendeva
dalla Russia europea alle pianure dell'Asia Centrale.

Iperborea nell'Esoterismo e nella Pseudoscienza

Iperborea ha anche giocato un ruolo importante in varie
tradizioni esoteriche e pseudoscientifiche. Nel XIX e XX
secolo, alcune correnti dell'occultismo e dell'arianesimo
hanno idealizzato Iperborea come la patria perduta di
una razza "ariana" primordiale. Queste teorie, tuttavia,
sono largamente discreditate dagli studiosi moderni.

Iperborea nella Cultura Popolare

Nella cultura popolare, Iperborea è spesso presentata
come un paradiso perduto o una terra mitica. È apparsa
in varie forme di media, dai romanzi alla musica, ai giochi di ruolo. In questi contesti, Iperborea è spesso ritratta

come un regno antico e magico, popolato da guerrieri valorosi e creature fantastiche.

Iperborea è un luogo che affascina la mente umana, sia come un mistero storico e archeologico, sia come un simbolo di un luogo mitico e lontano. Le sue interpretazioni e ipotesi riflettono sia il desiderio umano di esplorare l'ignoto, sia la nostra fascinazione per i mondi perduti e le civiltà antiche.

Iperborea nella Letteratura e nella Filosofia

Iperborea, con le sue immagini di un paradiso lontano e di una razza di superuomini, ha ispirato scrittori, poeti e filosofi per millenni. Questo sottocapitolo esplora il ruolo di Iperborea nella letteratura e nella filosofia.

Iperborea nella Letteratura Antica

Nell'antica Grecia, poeti come Pindaro e Esiodo facevano riferimento a Iperborea nelle loro opere. Iperborea era vista come un paradiso terrestre, un luogo di festa continua in onore del dio Apollo.

Iperborea nella Letteratura Moderna

Nel corso del tempo, Iperborea è diventata una fonte di ispirazione per molti autori di fantasia. Ad esempio, Robert E. Howard, il creatore di Conan il Barbaro, ha ambientato molte delle sue storie in un'età preistorica chiamata "Era Iperborea". Howard ha immaginato Iperborea come una terra selvaggia e pericolosa, abitata da guerrieri, stregoni e creature mostruose.

Iperborea nella Filosofia

Nella filosofia, il concetto di Iperborea ha influenzato i pensatori esoterici e i filosofi dell'occulto. Il filosofo tedesco Friedrich Nietzsche, ad esempio, potrebbe aver fatto riferimento a Iperborea nel suo concetto di "superuomo" come un essere che ha superato le limitazioni dell'umanità ordinaria.

Inoltre, Julius Evola, un controverso filosofo e occultista italiano, ha fatto riferimento a Iperborea nei suoi scritti. Evola vedeva Iperborea come il simbolo di un'età d'oro spirituale e di una razza di esseri superiori.

Conclusione

Che sia come un paradiso terrestre, una terra selvaggia di avventure o un simbolo di perfezione spirituale e razza superiore, Iperborea continua a esercitare un forte fascino sulla letteratura e sulla filosofia. Le sue immagini potenti e il suo mistero non risolto lo rendono un argomento fertile per la riflessione e l'esplorazione creativa.

CAPITOLO 7: THULE

Thule nell'Antichità

Thule è un altro luogo mitico menzionato nelle antiche fonti greche e romane, spesso associato al "lontano nord". Questo sottocapitolo esamina le origini e il contesto di Thule nell'antichità.

Thule nei Racconti dei Viaggiatori Antichi

Thule è stata menzionata per la prima volta dallo storico e geografo greco Ecateo di Mileto nel VI secolo a.C., ma la descrizione più famosa di Thule proviene dall'esploratore greco Pitteas di Massilia (oggi Marsiglia), che nel IV secolo a.C. intraprese un viaggio nell'estremo nord dell'Europa.

Secondo il racconto di Pitteas, Thule era un luogo dove il sole splendeva continuamente durante il solstizio d'estate, suggerendo un luogo situato all'interno o vicino al Circolo Polare Artico. Pitteas affermava anche che Thule era una terra di "nebbia e oscurità", situata a sei giorni di navigazione a nord della Gran Bretagna.

Interpretazioni dell'Ubicazione di Thule

Le descrizioni di Pitteas hanno portato molti a speculare sull'esatta ubicazione di Thule. Le isole Shetland, le isole Faroe, l'Islanda, la Groenlandia e la Norvegia sono tutte state proposte come possibili ubicazioni. Alcuni hanno suggerito che Thule potrebbe essere stata un riferimento all'Arcipelago di Svalbard in Norvegia.

Thule nella Cultura Romana

Thule è stata anche menzionata dai poeti romani, come Virgilio e Orazio, come simbolo del limite estremo del mondo conosciuto. Nel suo poema "Georgiche", Virgilio fa riferimento a Thule come il punto più lontano del mondo. Thule nell'antichità era considerata il "confine del mondo", un luogo lontano e misterioso situato nelle fredde regioni settentrionali. Le sue descrizioni evocative hanno alimentato l'immaginazione di generazioni di esploratori, poeti e pensatori.

Thule e l'Esplorazione Polare

Nella storia dell'esplorazione polare, Thule è servita come un potente simbolo e metafora, rappresentando il lontano, l'inaccessibile e l'ignoto. Questo sottocapitolo esamina come Thule è stata associata all'esplorazione polare.

Thule come Obiettivo Esplorativo

Il nome di Thule è stato adottato da vari esploratori polari come simbolo del loro desiderio di raggiungere le regioni più settentrionali della Terra. Uno dei più famosi è Knud Rasmussen, un esploratore polare danese di origini inuit, che nel 1910 fondò la Stazione Thule in Groenlandia come base per le sue spedizioni nell'Artico.

Thule come Simbolo di Conquista

Nell'era dell'esplorazione polare, Thule è diventata un simbolo di sfida e di conquista. Raggiungere Thule significava superare le difficoltà fisiche e psicologiche, spingendo i limiti dell'umano fino ai confini del mondo conosciuto.

Thule e la Scienza

Thule non ha solo un significato simbolico e storico, ma ha anche un ruolo nella ricerca scientifica moderna. La base aerea di Thule, una stazione di ricerca e monitoraggio situata in Groenlandia, è una delle installazioni più settentrionali degli Stati Uniti. Qui, gli scienziati conducono ricerche sul cambiamento climatico, l'atmosfera terrestre e l'astronomia.

Sia che sia usato come un obiettivo esplorativo, un simbolo di conquista o un luogo di ricerca scientifica, Thule continua ad avere un ruolo significativo nell'esplorazione polare. Questo luogo misterioso e affascinante rappresenta l'attrazione umana per l'ignoto e il nostro desiderio di spingere oltre i confini del mondo conosciuto.

Thule e il Nazismo

Il mito di Thule ha avuto un ruolo sorprendentemente importante nelle ideologie del nazismo. Questo sottocapitolo esplorerà come Thule è stato interpretato e utilizzato dal Partito Nazista in Germania.

La Società Thule

La Società Thule fu fondata in Germania dopo la fine della Prima Guerra Mondiale. Era un'organizzazione segreta e occulta che mescolava elementi di nazionalismo, antisemitismo e idee esoteriche. I membri della Società Thule credevano che Thule fosse l'antica patria della razza ariana e che la razza ariana avesse diritti superiori sugli altri popoli.

Thule e l'ideologia Nazista

Il concetto di Thule come patria degli ariani ha influenzato la visione del mondo del Partito Nazista. Thule era vista come l'incarnazione dell'ideale di purezza razziale e

supremazia ariana. Mentre l'esistenza storica di Thule
non era generalmente accettata dai nazisti al potere, l'immagine di Thule come una civiltà superiore serviva
come potente strumento di propaganda.

Thule nel Dopoguerra

Dopo la fine della Seconda Guerra Mondiale, il mito di
Thule è stato ulteriormente diffuso da autori e teorici del
complotto che collegavano la Società Thule a vari miti e
leggende, tra cui la presunta sopravvivenza di Hitler, la
presenza di basi segrete naziste in Antartide, e addirit-
tura il contatto con extraterrestri. L'uso del mito di Thule
dal Partito Nazista è un esempio stridente di come le antiche leggende e i miti possono essere strumentalizzati
per scopi politici e ideologici. Mentre la ricerca accade-
mica ha dimostrato che queste interpretazioni di Thule
sono infondate, il loro impatto storico e culturale non
può essere ignorato.

Il Significato delle Civiltà Perdute

Le civiltà perdute, sebbene spesso avvolte in mistero e mito, hanno un ruolo cruciale nella nostra comprensione del passato e della cultura umana. La loro esistenza, o la percezione della loro esistenza, ci sfida a riflettere su questioni di civilizzazione, sviluppo umano, cultura e storia.

Le civiltà perdute ci ricordano che le culture umane sono transitorie. Ci insegnano che le grandi civiltà possono sorgere e cadere, spesso lasciando poche tracce della loro esistenza o della loro grandezza. Ci sfidano a riflettere sulle ragioni del loro declino o della loro scomparsa e sulle lezioni che queste storie potrebbero avere per le nostre società attuali.

Inoltre, le civiltà perdute ci offrono una lente attraverso la quale possiamo esaminare le nostre idee sulla 'altro', sulla esotismo, sul mistero e sulla paura dell'ignoto. Le storie che raccontiamo sulle civiltà perdute rivelano spesso più di noi stessi e delle nostre culture che delle civiltà che pretendiamo di descrivere.

Il Ruolo delle Leggende nella Comprensione del Nostro Passato

Le leggende hanno un ruolo fondamentale nella nostra comprensione del passato. Spesso, esse forniscono un collegamento tra la storia registrata e la tradizione orale, offrendo uno spaccato della vita, delle credenze e delle preoccupazioni delle persone in tempi e luoghi diversi.

Le leggende possono servire come veicoli per la trasmissione di valori culturali, di lezioni morali o di storie di origine. Possono fornire un senso di identità e di appartenenza, collegando le persone a una storia o a una tradizione più grande.

Allo stesso tempo, le leggende possono anche offrire preziose intuizioni sugli aspetti meno conosciuti o documentati della storia. Le storie di civiltà perdute, per esempio, possono fornire indizi su culture e società che altrimenti potrebbero essere perdute nella storia.

In conclusione, le civiltà perdute e le leggende che le circondano ci offrono un modo unico e potente per esplorare e comprendere il nostro passato. Ci sfidano a guardare oltre le semplici cronache storiche e a cercare una comprensione più profonda delle culture, delle società e degli individui che hanno modellato il nostro mondo.

La Scienza Dietro le Ricerche sulle Civiltà Perdute

La scienza ha un ruolo cruciale nella ricerca e nella comprensione delle civiltà perdute. Le scoperte archeologiche, la tecnologia avanzata e l'analisi multidisciplinare contribuiscono a svelare i misteri di queste antiche culture. Ecco come la scienza contribuisce alla nostra comprensione delle civiltà perdute:

- Archeologia e Paleontologia

Le tecniche archeologiche tradizionali, come lo scavo e la stratigrafia, continuano a svolgere un ruolo fondamentale. Gli archeologi usano queste tecniche per scoprire, documentare e interpretare le prove fisiche lasciate dalle civiltà perdute.

La paleontologia, che studia i fossili, può offrire intuizioni sulla fauna che coesisteva con queste civiltà, contribuendo a creare un quadro più completo del loro ambiente.

- Tecnologie Avanzate

Gli sviluppi tecnologici stanno rivoluzionando la ricerca sulle civiltà perdute. La tecnologia LiDAR (Light Detection and Ranging) usa la luce laser per mappare il terreno con un'incredibile precisione, permettendo agli archeologi di scoprire e mappare antiche città nascoste sotto la vegetazione o il terreno.

La datazione al radiocarbonio permette agli scienziati di determinare l'età di un oggetto organico fino a 50.000 anni fa, fornendo un quadro temporale preciso.

- Analisi Multidisciplinare

La ricerca sulle civiltà perdute è intrinsecamente multidisciplinare. Archeologi, antropologi, storici, geografi, biologi, linguisti e molti altri collaborano per fornire una comprensione più completa. Per esempio, gli studi linguistici possono aiutare a decifrare antiche scritture, mentre l'analisi del DNA può fornire intuizioni sulla migrazione umana e le relazioni tra le popolazioni.

Conclusione

La scienza è uno strumento fondamentale per la ricerca sulle civiltà perdute. Grazie alla combinazione di metodi tradizionali e tecnologie avanzate, gli scienziati sono in grado di scoprire e interpretare le tracce lasciate da queste civiltà, fornendo una comprensione più profonda del nostro passato.